Marion Dawidowski

Weihnachten
ruck, zuck!

Kleine Deko schnell gemacht

Inhalt

6	Material und Technik	34	Stofftüten
8	Dekorative Kugeln	36	Stilvolle Rahmen
10	Tannenbäume	38	Exquisite Kugeln
11	Kerzenhalter	40	Weihnachtsdeko
12	Kugeldekoration	42	Filzpantoffeln
14	Lichterbrett	44	Geschenkbeutel
16	Dosenlichter	46	Stofftannen
18	Zickzacktannen	48	Filzstiefel
20	Dekorative Gläser	50	Frohes Fest
22	Kleine Schalen	52	Kerzensterne
24	Lichterglanz	53	Kugeln am Stiel
26	Adventsgläser	54	Modernes Design
28	Papieranhänger	56	Vorlagen
30	Stoffanhänger	62	Impressum
32	Rustikale Akzente		

Zum Weihnachtsfest

In der Advents- und Weihnachtszeit freuen wir uns darauf, unser Zuhause für Familie und Freunde stimmungsvoll zu dekorieren, zum Beispiel mit Windlichtern aus alten Gläsern, Kerzenhaltern aus Spitzendeckchen, Baumanhängern aus Stoff und Papier, stilvollen Rahmen oder schön verzierten Weihnachtsbaumkugeln. Diese originellen Dekorationen entstehen aus einfachen Materialien und sind leicht gemacht. Sie schmücken die festliche Tafel, den gemütlichen Kaffeetisch oder das Sidebord sowie das Fenster, die Wand oder den Tannenbaum.

Diese zauberhaften Dinge eignen sich aber auch sehr gut als kreative Geschenke für liebe Menschen. Denn es kommt nicht unbedingt auf den materiellen Wert oder auf die Größe eines Geschenks an, sondern darauf, mit welcher Aufmerksamkeit und Liebe Sie das Geschenk gestaltet haben. Die Empfänger werden sich freuen!

Eine schöne Advents- und Weihnachtszeit wünscht Ihnen

Material und Technik

Hilfsmittel

Hilfsmittel, die in den meisten Haushalten vorhanden sind, werden bei den einzelnen Anleitungen nicht mehr extra aufgeführt, z. B. Bleistift, Lineal, Transparentpapier, fester Karton, Kleber, Messer, Gartenschere, Seitenschneider etc.

Kleben

- Die meisten Materialien in diesem Buch lassen sich mit Alleskleber gut befestigen. Den Alleskleber immer dünn auftragen, die Einzelteile verbinden und etwas antrocknen lassen.
- Für Papierarbeiten kann auch ein Klebestick verwendet werden, dieser benötigt kaum Trocknungszeit.
- Um verschiedene Materialien schnell miteinander zu verbinden, ist Heißkleber zu empfehlen; darauf achten, dass beim Kleben keine tropfenförmigen Verdickungen entstehen.
- Material aus Stein und Metall lässt sich gut mit einem Zwei-Komponenten-Kleber befestigen. Dieser Kleber benötigt eine längere Zeit zum Aushärten.
- Filz und Stoff am besten mit einem speziellen Textilkleber fixieren.

Beton verarbeiten

Für die im Buch gezeigten Modelle eignet sich Feinbeton mit kleiner Steinchengröße am besten. Er ist im Baumarkt oder – in kleinen Packungseinheiten – im Hobbyfachhandel erhältlich. Den Beton in einem Eimer mit Wasser entsprechend der Herstellerangaben anmischen; die Konsistenz sollte breiig, aber nicht dünnflüssig sein.

Die Gießform (zum Beispiel eine Ausstech- oder Eiswürfelform) mit einem Trennmittel – am besten mit Speiseöl – auspinseln. Das erleichtert später das Auslösen des Objekts.

Den Betonbrei nach und nach in die Form füllen, dabei darauf achten, dass sich die Masse gut in alle Ecken verteilt. Die Form immer wieder leicht auf die Arbeitsplatte klopfen und etwas rütteln, so steigen Lufteinschlüsse auf und die Oberfläche glättet sich. Nach dem Gießen alle Werkzeuge sofort gründlich säubern, denn Beton lässt sich kaum noch entfernen, wenn er getrocknet ist.

Je nach Größe der Form den Beton ein bis zwei Tage aushärten lassen und dann vorsichtig aus der Form herauslösen.

Die Kanten und die Oberfläche bei Bedarf mit Schmirgelpapier etwas glätten.

Stoffe zuschneiden und nähen

Die meisten in diesem Buch gezeigten Stoffmodelle sind mit der Nähmaschine genäht; kleinere Arbeiten, z. B. die Stoffanhänger, können auch von Hand genäht werden.

Hilfsmittel

Für alle Näharbeiten eine Stoffschere, ein Maßband, Stecknadeln, Schneiderkreide, Nähnadeln und jeweils farblich passendes Garn bereitlegen.

Fachbegriffe

- Nahtzugabe: Wird ein Stoff zu nah an der Schnittkante genäht, reißen Naht und Stoff leicht auf. Deshalb die Naht 0,5 cm vom Rand entfernt ausführen (entspricht etwa der Breite des Nähmaschinenfüßchens). Beim Zuschnitt der Stoffe werden also 0,5 cm als Nahtzugabe zugegeben. Wird in der Anleitung keine Nahtzugabe erwähnt, ist diese in den Maßangaben bereits eingerechnet.
- Rechts auf rechts: Die späteren Sichtseiten (rechte Stoffseiten) der Stoffe liegen einander zugewandt.
- Links auf links: Die Rückseiten der Stoffe liegen einander zugewandt.
- Versäubern: Die Stoffschnittkanten mit Zickzackstich nähen, dabei sticht die Nadel abwechselnd in den Stoff und dann neben die Stoffkante. Das Versäubern verhindert ein Ausfransen der Stoffränder.
- Zwischenfassen: Werden Stoffteile oder Bänder zwischen zwei Stofflagen mit angenäht, spricht man von „Zwischenfassen". Die Stoffteile oder Bänder an der vorgesehenen Stelle zwischen die Stofflagen heften.

Dekorative Kugeln

Material

- Weihnachtskugeln in Silber, 6 cm Ø
- Klebepunkte, 8 mm Ø
- Holzperlen in Rot, 15 mm Ø
- Naturpapier, geprägt, in Weiß
- 2 kleine, dünne Zweige mit Gabelung
- Silberkordel, 1 mm Ø
- Heißkleber

Vorlage Seite 56

So wird's gemacht

Holzperlen mit einem Messer halbieren und je eine Hälfte mittig als Nase auf eine Weihnachtskugel kleben. Die Klebepunkte als Augen anbringen. Ein Stück Silberkordel als Aufhängung anbinden.

Für die Rentierkugel die Zweige zuschneiden und laut Foto an der Kugel befestigen.

Für die Engelkugel nach der Vorlage aus Naturpapier einen Flügel zuschneiden und an die Kugel kleben. Das Stirnband aus Silberkordel doppelt um die Kugel legen und auf der Rückseite fixieren.

Tannenbäume

Material

- 7 Zweige, ca. 1–2 cm Ø, 8 bis 28 cm
- Astabschnitt, 12 cm hoch, ca. 5 cm Ø
- Deko-Tapes, verschiedene Muster, 15 mm und 48 mm breit
- Kräuselgeschenkband in Gold, Silber
- Motivkartonrest
- Alumetallfolie in Silber, 0,15 mm stark
- Bindedraht, 0,5 mm Ø, 1,2 mm Ø
- Motivstanzer „Stern", 24 mm Ø
- Bohrer, 3 mm Ø

Vorlage (Stern) Seite 57

So wird's gemacht

Die Zweige mittig durchbohren, den Astabschnitt (= Sockel) auf einer Schnittfläche mittig vorbohren. Die Zweige der Größe nach auf den dickeren Draht fädeln, dabei den Draht jeweils einmal um einen Zweig winden, damit dieser nicht verrutscht. Für den stehenden Baum zusätzlich noch einen zweiten Draht durch alle Schlaufen schieben und an der Spitze etwa 3 cm überstehen lassen. Die unteren Drahtenden dieses Baums in die Bohrung des Astabschnittes kleben. Für den hängenden Baum aus dem oberen Drahtende eine Schlaufe biegen. Die Bäume mit Deko-Tapes und einem Stern (Spitze) oder mit ausgestanzten Metallfoliensternen und Kräuselband verzieren. Die Sterne mit dünnem Draht befestigen.

Kerzenhalter

Material
Für einen Kerzenhalter
- Weihnachtskugel aus Kunststoff, 6 cm Ø
- Aludraht in Grün, 2 mm Ø
- Textilfilz, soft, in Weiß, 4 mm stark
- Weihnachtsbaumkerze in Weiß

Vorlage Seite 56

So wird's gemacht

Die Aufhängung der Weihnachtskugel entfernen. In die Öffnung der Kugel eine Kerze stecken; falls nötig, die Kerze leicht anspitzen. Aus dem Aludraht zunächst einen Kreis mit etwa 2,5 cm Ø formen, die Kugel daraufsetzen; den Draht spiralförmig um die Kugel herum nach oben führen und an der Kugelöffnung 4- bis 5-mal um Öffnung und Kerze winden. Die Standfestigkeit prüfen und den Draht eventuell noch etwas nachbiegen. Den Kerzenhalter mit einem Filzstern verzieren (siehe Vorlage) oder ein Namensschild anbinden.

Kugeldekoration

Material

- Holzscheit, ca. 8 x 20 cm
- 5 Zweige (z. B. roter Hartriegel), ca. 8 mm ⌀
- 5 Weihnachtskugeln in Silber, 6 cm ⌀
- Glitter in Rot
- Glitter-Kleber
- Heftzwecken mit weißem Kopf
- Bindfaden
- Holzleim
- Bohrer, 8 mm ⌀

So wird's gemacht

Jeweils einen Faden an die Aufhängung der Weihnachtskugeln binden. Auf die Weihnachtskugeln mit dem Glitter-Kleber Muster aufmalen und mit dem Glitter bestreuen, den Überschuss vorsichtig abschütteln. Die Kugeln zum Trocknen aufhängen.

Das Holzscheit mit fünf Bohrungen versehen, die Zweige mit Leim einkleben und auf unterschiedliche Längen schneiden. Die Aufhängung der Weihnachtskugeln entfernen und diese kopfüber auf die Zweigenden stülpen. Die Kronen der Aufhängung flach drücken und mit Heftzwecken auf dem Holzscheit anbringen.

Lichterbrett

Material

- Holzbrett, 18 mm stark, 12 x 53 cm
- Tonkarton:
  – gemustert (mit Zahlen)
  – in Weiß
- Kordel in Rot-Weiß, 1 mm Ø
- Deko-Tape „Pilze", 48 mm
- Aludraht in Silber, 3 mm Ø
- 2 Ringschrauben, 2 x 25 mm
- Stempel „Alphabet", 1 cm
- Stempelkissen in Rot
- 4 Teelichtgläser, ca. 7,5 cm Ø
- 4 Teelichter
- Bohrer, 4 mm Ø

Vorlage Seite 56

So wird's gemacht

Das Brett für die Befestigung der Teelichtgläser viermal vorbohren. In die oberen, äußeren Ecken je eine Ringschraube eindrehen und am unteren Rand das Deko-Tape aufkleben. Ein etwa 180 cm langes Stück Kordel doppelt nehmen und als Aufhängung an den Ringschrauben anknoten. Um jedes Teelichtglas mit dem Aludraht einen Ring formen, die Enden miteinander verdrehen. Ein Drahtende kurz abtrennen, das andere 5 cm lang lassen, durch eine Bohrung im Brett stecken und auf der Rückseite nach unten biegen. Nach der Vorlage Kreise und Fähnchen zuschneiden. Die Kreise mit ausgeschnittenen Zahlen bekleben und die Fähnchen bestempeln. Die Einzelteile der Abbildung entsprechend fixieren.

Dosenlichter

Material
- leere Konservendosen
- Acrylfarben in Weiß, Schwarz
- Deko-Tape, 15 mm und 48 mm breit
- Kerzen in Weiß
- Wachsklebepads

So wird's gemacht

Die Konservendosen reinigen, dabei die Papierbanderolen entfernen. Aus den Acrylfarben einen Grauton mischen und die Dosen auf der Außenseite bemalen. Nach dem Trocknen der Farbe die Deko-Tapes aufkleben. Die Kerzen mit den Klebepads in den Dosen fixieren.

Tipp: Die Dosen auf einen schönen Dekoteller stellen und mit farblich passenden Zweigen und Weihnachtskugeln dekorieren.

Zickzacktannen

So wird's gemacht

Die Einzelteile für jeden Baum aus gemustertem Tonkarton laut Vorlage zuschneiden. Zudem je zwei Sterne aus goldfarbenem Tonkarton stanzen.

Es gibt zwei Möglichkeiten, die Baumeinzelteile zu verbinden: Für das erste Modell die Tonkartonstreifen der Größe nach im Zickzack aufeinanderkleben. Einen kurzen Streifenabschnitt als Stamm anbringen.

Für das zweite Modell die Tonkartonstreifen der Größe nach auf einen Tisch legen, einen kurzen Streifenabschnitt als Stamm platzieren. Mit einem längeren Stickgarnfaden der Abbildung entsprechend alle Streifen – am Stamm beginnend – mittig auffädeln. An der Spitze jedes Baumes einen Stickgarnfaden einziehen und zur Schlaufe knoten. Die Sterne gegeneinanderkleben, dabei die Garnschlaufe zwischenfassen.

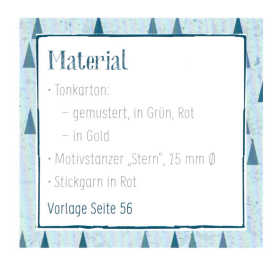

Material
- Tonkarton:
  - gemustert, in Grün, Rot
  - in Gold
- Motivstanzer „Stern", 15 mm Ø
- Stickgarn in Rot

Vorlage Seite 56

Tipp: Für die Weihnachtspost eine Faltkarte, 14 x 14 cm, mit den Streifen gestalten. Den Text eines kurzen Gedichtes auf helles Schreibpapier ausdrucken, dabei je Textzeile zwei Leerzeilen lassen. Die Textzeilen laut Vorlage in Streifen schneiden, auf der Karte platzieren und einen ausgestanzten Stern als Spitze anbringen.

Dekorative Gläser

Material

Für zwei Gläser

- 2 Einweckgläser, ca. 11 cm Ø, 15 cm hoch (mit Deckel)
- Naturpapier in Weiß
- Transparentpapier
- Schleifenband in Rot-Weiß, 1 cm breit
- Garn in Silber
- Füllwatte
- Weihnachtskugeln in Rot
- verschiedene Zapfen
- Zimtstangen
- Kerze in Rot, ca. 6 cm Ø
- Motivstanzer „Stern", 24 mm Ø

Vorlage Seite 57

So wird's gemacht

Für beide Gläser die Flügel nach der Vorlage aus Naturpapier schneiden, die Einschnitte mit einem Cutter ausführen. Das Schleifenband jeweils oben um das Glas legen, die Enden durch die Einschnitte der Flügel führen und zu einer Schleife binden.

Für das Glas mit Kerze einen Zapfen mit einem Stück Band oder Garn an der Schleife fixieren. Einige Sterne aus Transparentpapier stanzen, auf einen langen Silberfaden fädeln und um das Glas binden. Die Kerze in das Glas stellen und einige Zimtstangen ergänzen.

In das Dekoglas etwas Watte legen, anschließend Weihnachtskugeln und Zapfen hinzufügen. Den Deckel auflegen.

Kleine Schalen

So wird's gemacht

Das Schälchen und die Backform kopfüber auf eine Zeitung stellen und die Außenwölbung mit Frischhaltefolie abdecken. Die Gipsbinde in 6 cm lange Stücke schneiden, nacheinander mit Wasser anfeuchten und die Form ringsherum mit diesen Streifen belegen. Die aufgelegten Streifen jeweils leicht andrücken und zum vorigen Stück etwas glatt streichen. Auf diese Weise etwa drei Lagen versetzt übereinanderlegen. Die Gipsformen ein bis zwei Tage trocknen lassen.

Mit einer alten Schere die Ränder der Schalen bei Bedarf etwas gerade schneiden. Die Schalen der Abbildung entsprechend bemalen (schwarz und weiß mischen = grau). Die Außenseite der Schälchen nach dem Trocknen der Farbe zusätzlich noch mit weißen Sternen bedrucken. Hierfür nach der Vorlage eine Negativschablone anfertigen. Die Innenseiten der Schalen mit Metallfolie gestalten, dabei die Packungsanleitung des Herstellers beachten.

Material

- Gipsbinden
- Acrylfarben:
    - matt, in Weiß Orange, Schwarz
    - glänzend, in Gold
- Metallic-Effect-Folie
- Metallic-Effect-Folienkleber
- kleine Schüssel
- Sternbackform, ca. 12 cm Ø

Vorlage Seite 56

Lichterglanz

Material

Kerzenhalter
- Acrylkugelhälften, 7 cm Ø
- Kerzenhalter zum Klemmen in Silber
- Spitzenornamente in Weiß, 9,5 cm Ø
- Weihnachtsbaumkerzen in Weiß
- Schrauben, 1 cm lang
- Holzleim
- Zwei-Komponenten-Kleber

Anhänger
- Transparentpapier „Schneeflocke"
- Tonpapier in Gold
- Nähgarn in Silber
- Motivstanzer „Bambi", 24 mm

Vorlage Seite 56

So wird's gemacht

Für die Kerzenhalter ein Stück Frischhaltefolie über die Acrylkugelhälften ziehen. In einem Becher etwas Wasser mit ein paar Tropfen Leim mischen, die Spitzenornamente eintauchen, leicht ausdrücken und über die Acrylkugelhälften legen. Die Ränder nach außen ziehen und eventuell mit einem Gummiband fixieren, bis diese getrocknet sind. Die Kerzenhalter auseinandernehmen, dazu jeweils die Rosette mit der Krone von der Klemme abziehen. Je eine kleine Schraube durch die Krone und die Rosette führen, etwas Kleber auftragen, das Spitzenornament mittig auf die Schraubenspitze stecken und die Klemme mit etwas Kleber darunter befestigen. Eine Kerze einsetzen.

Die Anhänger aus Transparentpapier nach der Vorlage zuschneiden. Einen Faden als Aufhänger anbringen. Mit dem Motivstanzer die Bambis aus dem goldenen Tonpapier stanzen und beidseitig deckungsgleich auf die Anhänger kleben.

Tipp: Ein hohes Glasgefäß mit Gips oder Steinen füllen und einen Zweig einstecken. Das Glasgefäß eventuell zusätzlich noch mit einer Metallfolie ummanteln und mit Blüten und goldenem Aludraht dekorieren. Die Kerzenhalter an den Zweig stecken und die Kerzen einsetzen. Alternativ die Kerzenhalter an die Zweige eines Tannenbaums klemmen.

Adventsgläser

So wird's gemacht

Zwei Spitzendeckchen auf ausgebreitete Zeitungen legen, mit Sprühlack einfärben und trocknen lassen. Jeweils ein weißes und ein goldfarbenes Spitzendeckchen halbieren. Für zwei Gläser je ein Rechteck aus Transparentpapier zuschneiden, die Maße ergeben sich aus Höhe und Umfang der Gläser. Das Transparentpapier um die Gläser legen und mit Klebefilm fixieren. Die halbierten Spitzendeckchen laut Foto anbringen.

Die übrigen Spitzendeckchen um die anderen beiden Gläser kleben. Um alle Gläser ein Stück Jutekordel wickeln und die Enden verknoten. Die Zahlen 1 bis 4 laut Vorlage aus Tonkarton zuschneiden und hinter die Jutekordel schieben. Die Teelichter einsetzen.

Material

- 4 einfache Trinkgläser
- 5 Spitzendeckchen, rund („Decoretten"), 13 cm Ø
- Transparentpapier „Punkte"
- Tonkarton in Weiß, Gold
- Acrylsprühlack in Gold
- Jutekordel
- Teelichter

Vorlage Seite 57

Tipp: Sie können auch einen Adventskalender aus 24 Gläsern anfertigen.

Papieranhänger

Material
- Faltpapier, gemustert, 15 x 15 cm
- Transparentpapier „Sterne"
- Alumetallfolie in Silber, 0,15 mm stark
- Motivstanzer „Stern", 24 mm Ø
- Nähgarn in Weiß
- Nähmaschine

Vorlage Seite 57

So wird's gemacht

Nach der Vorlage verschiedene Motive aus Faltpapier und Transparentpapier zuschneiden. Für jedes Motiv fünf Papierlagen (gemischt) aufeinanderlegen und mittig mit einfacher Naht mit der Nähmaschine oder von Hand zusammennähen, dabei oben und unten jeweils einen etwa 5 cm langen Faden hängen lassen.

Den oberen Faden jeweils zu einer Aufhängeschlaufe verknoten. Für jeden Papieranhänger einen Stern aus der Metallfolie stanzen, mit einer Nadel ein Loch vorstechen und an den Faden unterhalb der Papierform anknoten. Die Fadenenden abschneiden und die Papierlagen auseinanderfächern.

Stoffanhänger

Material

Für ein Haus/Herz

- Baumwollstoff, gemustert, 13 x 15 cm
- Bastelfilz in Weiß
- Zackenlitze in Weiß, ca. 16 cm
- Perlmuttknopf „Herz", 2 cm Ø
- Jutekordel, 2 mm Ø
- Nähgarn
- Nähmaschine

Vorlage Seite 58

So wird's gemacht

Die Grundformen für Häuser und Herzen aus Stoff und Filz nach der Vorlage mit Nahtzugabe, die Tür ohne Nahtzugabe zuschneiden.

Die Stoffe links auf links legen, dabei den Filzzuschnitt dazwischenschieben, und die in der Vorlage gekennzeichneten Nahtzugaben nach links einschlagen. Ein Stück Jutekordel zur Schlaufe legen und die Enden zwischen die Stofflagen schieben. Alle Stofflagen mit einfacher Naht rundherum zusammennähen.

Bei den Häusern die Tür aufnähen; ein Stück Zackenlitze an der Dachkante ergänzen. Den Knopf als Fenster annähen. Für das Herz ein Stück Zackenlitze zur Schleife legen und zusammen mit dem Knopf aufnähen.

Tipp: Die Häuser und Herzen können auch als Schlüsselanhänger verschenkt werden: Einfach einen Schlüsselring, etwa 2 cm Ø, anbringen.

Rustikale Akzente

So wird's gemacht

Etwas Kleister laut Packungsangabe anrühren und quellen lassen. Die Aufhängeöse der Acrylkugelhälften mit einer Zange abkneifen, ein Stück Frischhaltefolie über die Außenwölbung legen und auf der Rückseite mit Klebefilm fixieren. Das Packpapier in kleine Stücke, etwa 1 x 2 cm, reißen. Die Papierschnipsel in den Kleister tauchen und die Acrylkugelhälften flächendeckend damit bekleben, die Papierschnipsel sollten etwas über den Rand hinausragen. Auf diese Weise insgesamt drei bis vier Lagen arbeiten. Alles gut trocknen lassen.

Die Ränder der getrockneten Pappmaché-Kugelhälften mit der Schere begradigen, dabei etwa 3 bis 4 mm stehen lassen. Beide Kugeln der Abbildung entsprechend bemalen. Für die geschlossene Kugel zwei Hälften gegeneinanderkleben, dabei eine Aufhängeschlaufe zwischenfassen. Die Spitze ergänzen. Bei der Halbkugel einen Faden längs durch die Mitte spannen und oben zur Schlaufe knoten. Den Stern zuschneiden (Vorlage) und zusammen mit einer Perle an den Faden kleben.

Material

- Acrylkugelhälften, 7 cm Ø
- Packpapier
- Bastelfilz in Weiß
- Baumwollspitze in Weiß, 1 cm breit
- Baumwollkordel in Weiß, 2 mm Ø
- Acrylhalbperlen, selbstklebend, 5 mm Ø
- Acrylfarbe in Weiß
- Tapetenkleister

Vorlage (Stern) Seite 57

Stofftüten

Material

Für eine Tüte
- Baumwollstoff, gemustert:
  - kleine Tüte: 26 x 30 cm
  - große Tüte: 42 x 42 cm
- Baumwollstoff, naturweiß:
  - kleine Tüte: 26 x 26 cm
  - große Tüte: 42 x 42 cm
- Nähgarn

Für einen Flügel
- Baumwollstoff, gemustert, 12 x 24 cm
- Bügelvlies, 12 x 12 cm
- Nähgarn
- Satinband in Weiß, 8 mm breit, 25 cm
- Perlmuttknopf, 25 mm Ø
- Nähmaschine

Vorlage Seite 59

So wird's gemacht

Für eine Stofftüte die Tütengrundform (Vorlage) je einmal aus den beiden Stoffen mit Nahtzugabe sowie zusätzlich aus dem gemusterten Stoff einen Streifen, 3 x 26 cm, zuschneiden. Die Tütenzuschnitte rechts auf rechts legen, an der Rundung zusammennähen und versäubern. Das Nähstück auseinanderklappen, der Länge nach rechts auf rechts legen, nähen und versäubern, dabei am hellen Stoff eine Wendeöffnung in der Naht lassen. Das Nähstück wenden und die Öffnung zunähen. Das helle Stoffteil in die gemusterte Stofftüte schieben. Den Stoffstreifen der Länge nach rechts auf rechts legen, die lange Seite nähen und auf rechts wenden. Die offenen Enden aufeinanderlegen, 1 cm weit umschlagen und etwa 6 cm unterhalb der Oberkante der Stofftüte an der Innenseite annähen. Den Rand der Stofftüte nach außen umstülpen.

Für die Flügel die Vorlage zweimal auf den Stoff und einmal auf das Bügelvlies übertragen und grob zuschneiden. Die Stoffe links auf links legen, das Bügelvlies zwischenlegen. Mit eng gestelltem Zickzackstich die Flügelkontur nähen und den Flügel knapp neben der Naht ausschneiden. Das Schleifenband zusammen mit dem Knopf annähen.

Tipp: Für einen Adventskalender 24 Stofftüten nähen, mit Zahlen versehen, an eine lange Schnur binden und mit Geschenken füllen.

Stilvolle Rahmen

So wird's gemacht

Die Stoffe in die Stickrahmen spannen, dazu den Innenring herausnehmen, den Stoff darüberlegen und den Außenring befestigen. Den überstehenden Stoff auf der Rückseite knappkantig abschneiden.

Die Sterne laut Vorlage auf die entsprechenden Stoffe übertragen. Der weiße und die goldenen Sterne mit Stoffmalfarbe ausmalen, bei stark gemusterten Stoffen den Vorgang wiederholen, bis der Farbauftrag deckt. Die schwarzen Sterne aus Filz schneiden und aufkleben. Einen Stern aufsticken (Kordel).

An jeden Stickrahmen ein Stück Kordel als Aufhängung anknoten. Eine Papierfahne zuschneiden (Vorlage), mit Filzstift beschriften und an eine Kordel kleben.

Material
- Stickrahmen, 10 cm Ø
- Baumwollstoff, verschiedene Muster, je 12 x 12 cm
- Bastelfilz in Schwarz
- Kordel in Gold, 1 mm Ø
- Stoffmalfarben in Weiß, Gold
- Textilkleber oder Holzleim

Vorlage Seite 58

Tipp: Kleinere Stickrahmen können auch als Weihnachtsbaum- oder Geschenkanhänger verwendet werden.

X-MAS

Exquisite Kugeln

So wird's gemacht

Für die Kugel mit der Banderole aus dem schwarzen Tonpapier einen 2,5 cm breiten Streifen schneiden, die Länge richtet sich nach dem Umfang der Weihnachtskugel (hier: 18 cm). Den Streifen an den Längsseiten mit je einem Bordürenstanzer gestalten und um eine Weihnachtskugel herum kleben.

Für die übrigen Weihnachtskugeln Sterne und Elche aus dem Papier stanzen und mit Alleskleber anbringen. Die Klebepunkte gleichmäßig verteilt fixieren. Jeweils einen schwarzen Wollfaden als Aufhängung an die Kugeln knoten.

Material
- Weihnachtskugeln in Weiß, 5,5 cm Ø
- Tonpapier in Grau, Schwarz
- Klebepunkte in Schwarz, 8 mm Ø, 12 mm Ø
- Wollfaden in Schwarz
- Motivstanzer „Stern", 1,5 cm, „Elch", ca. 4 cm
- Bordürenstanzer „Engel", „Ornament"

Weihnachtsdeko

Material

Für beide Modelle
- Acrylsprühlack in Lila
- Silberkordel, 1 mm Ø

Zapfen
- Tannenzapfen, Kiefernzapfen
- Astscheiben, ca. 4 cm Ø, mittig durchbohrt
- dünne Holzstäbe
- Textilfilz, soft, in Weiß, 4 mm, je Stern 6 x 6 cm
- Glaswachsperlen in Blau, 14 mm Ø
- Satinband in Türkis, 4 mm breit, je ca. 20 cm
- Bohrer, 3 mm Ø

Kugeln
- Weihnachtskugeln in Weiß, 6 cm Ø
- Flitter in Türkis
- Flitterkleber

Vorlage (kleiner Stern) Seite 56

So wird's gemacht

Die Zapfen mit dem Acryllack leicht übersprühen und die Farbe trocknen lassen. Für die Zapfenanhänger um die untere Schuppenreihe ein Stück Kordel binden und eine durchbohrte Astscheibe oder einen zugeschnittenen Filzstern (Vorlage) auffädeln. Eine blaue Perle ergänzen und die Kordel zur Schlaufe binden. Für die Zapfenstecker in den Boden der Zapfen ein Loch vorbohren und einen Holzstab einkleben. Einen Filzstern, eine Perle und Satinband ergänzen. Die Kugeln teilweise mit Acryllack besprühen und mit Glitter verzieren. Nach dem Trocknen der Farbe eine Kordel als Aufhänger anbinden.

Tipp:
Die Pantoffeln eignen sich auch gut für einen Adventskalender: 24 Pantoffeln anfertigen, an eine lange Schnur hängen und jeweils mit einer Kleinigkeit füllen.

Filzpantoffeln

Material

Für einen Pantoffel
- Textilfilz, soft, 4 mm stark:
  – in Pink, 7 x 8 cm
  – in Grau, meliert, 6 x 15 cm
- Schleifenbandrest in Rosa-Weiß
- Acrylstrasssteine
- Kordel in Pink, 2 mm Ø, ca. 16 cm
- Nähgarn

Vorlage Seite 61

So wird's gemacht

Die Sohle und das Oberteil laut Vorlage aus Filz zuschneiden. Das Oberteil entsprechend der Markierung der Vorlage (x auf x, o auf o) auf die Sohle heften und nähen. Die Spitze der Sohle nach vorne umklappen und von Hand mit einigen Stichen auf dem Oberteil fixieren.

Mit einer spitzen Schere ein Loch in den oberen Rand der Sohle stechen und die Kordel als Aufhänger anbringen. Den Pantoffel mit Strasssteinen dekorieren. Oder eine Rosette anbringen: Hierfür in eine Längskante des Schleifenbandes einen Reihfaden einziehen, einkräuseln und fixieren.

Geschenkbeutel

Material

Für einen Beutel

- 2 Baumwollstoffe, gemustert, je 17 x 46 cm
- Baumwollstoff, naturweiß, ca. 12 x 16 cm
- Textilfarben in Braun, Gold
- Schablone mit Weihnachtsmotiven
- Satinband in Pink, 6 mm breit, ca. 50 cm
- Perlmuttknopf, 11 mm Ø
- Nähgarn
- Nähmaschine

So wird's gemacht

Die gemusterten Stoffe jeweils rechts auf rechts doppelt legen, die langen Seiten nähen, dabei an dem Innenbeutel in einer Naht eine Öffnung lassen (Skizze 1). Für den Boden die Ecken beider Beutel abnähen (Skizze 2 und 3).

Nur den (späteren) Außenbeutel wenden (rechte Stoffseite außen) und in den anderen Beutel hineinschieben (Skizze 4). Die Beutel entlang der oberen Kante zusammennähen. Das Nähstück durch die Öffnung wenden, die Öffnung von Hand zunähen und den Innenbeutel in den Außenbeutel schieben.

Die Schablonen auf dem unifarbenen Stoff platzieren, mit einem Schwämmchen etwas braune Textilfarbe aufnehmen und das Motiv betupfen. Mit goldener Textilfarbe einige Stellen betonen. Die Farbe trocknen lassen und laut Hersteller fixieren. Die Stoffmotive zuschneiden, auf dem Beutel platzieren und aufnähen. Den Beutel füllen und mit Satinband zuschnüren. Oder den oberen Beutelrand umschlagen, das Satinband zur Schleife legen und zusammen mit dem Knopf aufnähen.

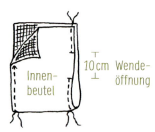

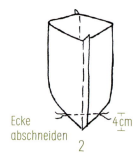

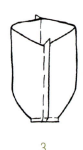

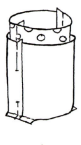

Stofftannen

So wird's gemacht

Für eine Tanne den Stoff rechts auf rechts doppelt legen, die Grundform laut Vorlage übertragen und durch beide Stofflagen mit Nahtzugabe zuschneiden. Die Stofflagen zusammennähen und versäubern, dabei eine Wendeöffnung in der Naht lassen. Die Tanne wenden und mit Füllwatte stopfen. Den Knopf mit zwei Fäden Stickgarn annähen, die Garnenden oben auf dem Knopf verknoten. Von dem Aludraht 25 cm abtrennen, etwa mittig einen Kringel um einen Stift herum formen, in ein Drahtende eine kleine Schlaufe biegen. Die kleine Schlaufe zwischen die Füllwatte in der Tanne schieben. Die Wendeöffnung von Hand zunähen.

Für die Tischdekoration das Holzscheit vorbohren und vier Tannen mit dem Aludraht in den Bohrungen befestigen. Für die Tanne als „Tischkartenhalter" das Drahtende unterhalb des Kringels im rechten Winkel zur Seite biegen und zu einem Kreis formen (= Ständer). Ein kleines Kärtchen beschriften, einen 15 mm langen Schlitz schneiden und das Kärtchen über den Knopf stülpen.

Material

Für eine Tanne
- Stoff in Grün, gemustert, 18 x 28 cm
- Füllwatte
- Perlmuttknopf, 15 mm Ø
- Aludraht in Silber, 3 mm Ø
- Stickgarn in Rosa
- Holzscheit, ca. 7 x 25 cm
- Bohrer, 3 mm Ø

Vorlage Seite 61

Tipp: Die Tannen sehen auch als Anhänger für den Weihnachtsbaum oder für Geschenke sehr schön aus.

Filzstiefel

Material

Für zwei Stiefel

- Textilfilz, soft, in Weiß, Grau, 4 mm stark, je 30 x 42 cm
- Nähgarn in Weiß, Grau, Silber
- Schleifenband, ca. 40 cm
- Paillettenband, ca. 30 cm
- 2 Weihnachtskugeln in Silber, 3 cm Ø
- Textilkleber
- Nähmaschine

Vorlage Seite 60

So wird's gemacht

Das Stiefelseitenteil laut Vorlage doppelt, die Sohle einmal aus Filz mit Nahtzugabe zuschneiden. Für jeden Stiefel zwei Sterne nach der Vorlage in der Kontrastfarbe ohne Nahtzugabe ausschneiden.

Die beiden Stiefelseitenteile an der vorderen und der rückwärtigen Kante aufeinandernähen. Die Sohle zwischen die Seitenteile heften und nähen.

Einige Zierstiche auf die Sterne nähen. Die Sterne mit Kleber auf der Vorder- und auf der Rückseite der Stiefel fixieren. Das Schleifenband und das Paillettenband um je einen Stiefel binden. An den Stiefelspitzen jeweils eine Weihnachtskugel befestigen: Hierfür die Aufhängeösen in die Nahtkanten kleben.

Frohes **Fest**

Material

X-MAS-Gläser
- 5 Twist-off-Gläser, ca. 7 cm Ø, 11 cm hoch
- Transparentpapier „Weihnachten"
- Deko-Tape, 15 mm breit
- Kräuselgeschenkband in Silber, 5 mm breit
- Teelichter oder kleine Stumpenkerzen

Anhänger und Kerzenhalter
- Ausstechformen, ca. 6 cm
- Wachsperlen in Weiß, 12 mm Ø
- Fellimitat in Weiß, je Anhänger ca. 7 x 10 cm
- Silberkordel, 1 mm Ø
- Kerzenhalter zum Klemmen in Silber
- Astscheiben, ca. 6 cm Ø
- Weihnachtsbaumkerzen

So wird's gemacht

Für die X-MAS-Gläser jeweils eine Manschette aus Transparentpapier zuschneiden, dabei den jeweiligen Glasumfang und die Glashöhe beachten. Mit dem Deko-Tape mittig auf jeder Manschette einen Buchstaben für das Wort „X-MAS" gestalten. Die Manschetten um die Gläser legen und mit Klebefilm fixieren. Das Kräuselband um die Öffnung der Gläser wickeln und die Enden verknoten. Die Kerzen einsetzen.

Für die Anhänger ein Stück Silberkordel als Aufhänger durch die Ausstechform ziehen, beide Kordelenden durch eine Perle fädeln und zu einer Schlaufe zusammenknoten. Zwei Fellimitatzuschnitte anfertigen: Die Ausstechform jeweils auf die linke Seite des Fellimitates legen und mit Bleistift den Umriss grob umzeichnen. Die Teile zuschneiden, links auf links zusammenkleben und in die Ausstechform drücken.

Für die Kerzenhalter die Ausstechform mit Heißkleber oder Zwei-Komponenten-Kleber auf der Astscheibe befestigen. Eine Perle unten in die Form kleben. Den Kerzenhalter oben an die Ausstechform klemmen und eine Kerze einsetzen.

Kerzensterne

So wird's gemacht

Ein altes Brett mit Buchfolie bekleben, die Ausstechformen auflegen und ringsherum mit Heißkleber fixieren. Von einer Weihnachtsbaumkerze 1 cm lange Stücke zuschneiden und diese als Platzhalter mittig in einige Ausstechformen kleben. Die Formen dünn mit Speiseöl als Trennmittel einpinseln, mit Beton füllen (siehe Grundanleitung Seite 6) und dann aushärten lassen. Die Betonteile aus der Form nehmen und die Wachsstücke entfernen. Die Kerzenhalter mit Blattmetall verzieren (Herstellerangaben beachten) und die Kerzen einsetzen.

Material

- Ausstechformen „Stern"
- Buchfolie, selbstklebend
- Feinbeton
- Deko-Metall (Blattmetall)
- Anlegemilch
- Weihnachtsbaumkerzen
- altes Brett
- Heißkleber

Kugeln
am Stiel

Material
- Eiswürfelform „Raute"
- Feinbeton
- Perlen in Silber, 8 mm Ø
- Weihnachtskugeln in Türkis, Braun, 6 cm Ø
- Eisendraht, 1,2 mm Ø
- Fun-Liner in Silber
- Zwei-Komponenten-Kleber (oder Heißkleber)

So wird's gemacht

Die Eiswürfelform dünn mit Speiseöl als Trennmittel einpinseln, mit Beton füllen (siehe Grundanleitung Seite 6) und aushärten lassen. Die Betonteile anschließend aus der Form drücken. Die Weihnachtskugeln mit dem Fun-Liner verzieren und trocknen lassen. Jeweils die Enden von unterschiedlich langen Drahtstücken (10 bis 15 cm) zur Schlaufe biegen, an der Aufhängung der Weihnachtskugel einhaken und mit Kleber fixieren. Auf jedes Betonteil mittig eine Perle kleben, dabei schaut die Bohrung nach oben. Die Weihnachtskugeln mit dem Drahtende in die Bohrungen der Perlen stecken. Die Kugeln ausbalancieren, hierfür den Draht etwas biegen.

Modernes Design

Material

Grundform
- Holzbrett, 18 mm stark, 40 x 60 cm
- 2 Dekobänder in Brauntönen, insgesamt ca. 230 cm
- Heftzwecken in Weiß
- Acrylfarbe in Weiß
- Schleifpapier

Anhänger
- Filz in Braun, 8 x 16 cm
- Baumwollstoff gemustert, 10 x 12 cm
- Füllwatte
- Nähgarn in Türkis, Silber
- Silberkordel, 1 mm Ø
- Knopf in Türkis, 13 mm Ø
- Tonkarton, gemustert

Vorlage Seite 61

So wird's gemacht

Das Brett an allen Kanten schmirgeln und anschließend mit Acrylfarbe lackieren. Nach dem Trocknen der Farbe das Dekoband mit Heftzwecken in Form einer Tanne anbringen und die unteren Enden zu einer Schleife binden. Das Brett mit verschiedenen Anhängern dekorieren:

- **mit braunen Filzsternen**: Pro Stern zwei Zuschnitte (Vorlage) ohne Nahtzugabe zusammennähen (Füllöffnung lassen) und mit Watte füllen. Die Öffnung zunähen. Die Sterne jeweils mit einem Knopf verzieren und an einer Silberkordel aufhängen.
- **mit bunten Stoffanhängern** (Vorlage): Zwei Formen plus Nahtzugabe zuschneiden, rechts auf rechts nähen (Wendeöffnung lassen), wenden und mit Watte füllen. Die Öffnung zunähen. Mittig einen einfachen Stern aufsticken. Eine Kordel als Aufhängung befestigen.
- **mit Papierkugeln**: Aus Tonkarton Kreise zuschneiden (Vorlage). Den kleinen Kreis mit Nähgarn in den Innenausschnitt des großen Kreises hängen (siehe Markierungen auf der Vorlage). Einen Aufhängefaden anbringen.
- **mit Weihnachtskugeln**: Diese können auch noch mit Deko-Tape umklebt werden.

Vorlagen

Lichterbrett
Seite 14

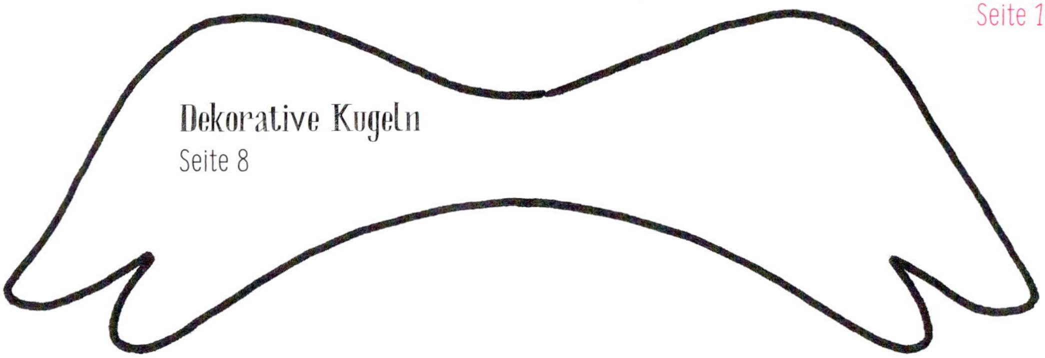

10 x

4 x

Dekorative Kugeln
Seite 8

Kleine Schalen
Seite 22

Kerzenhalter
Seite 11

Lichterglanz
Seite 24

Zickzacktannen
Seite 18

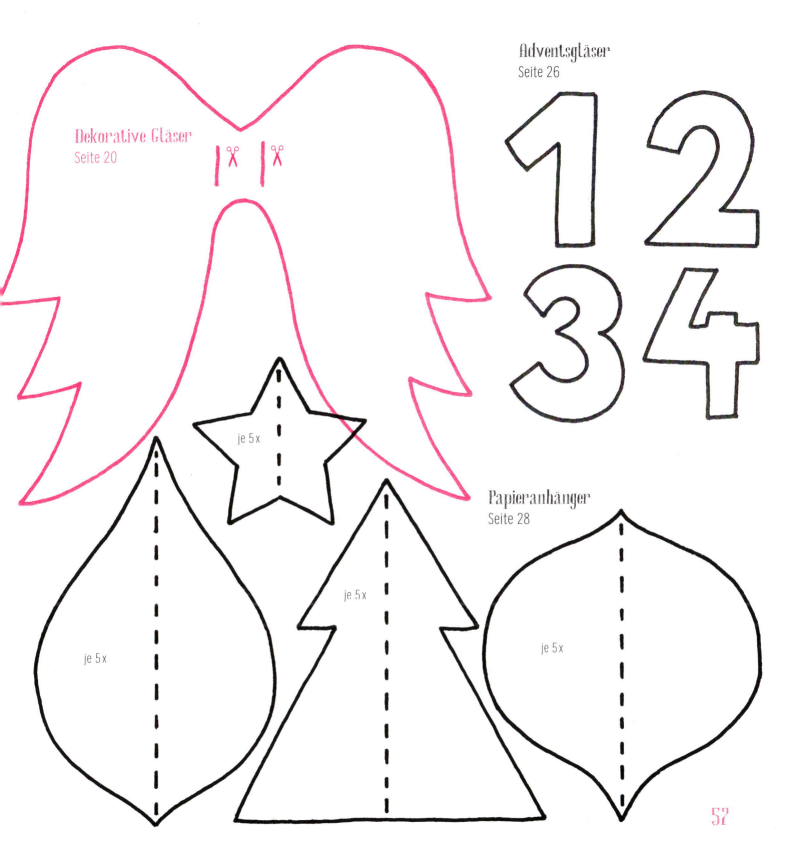

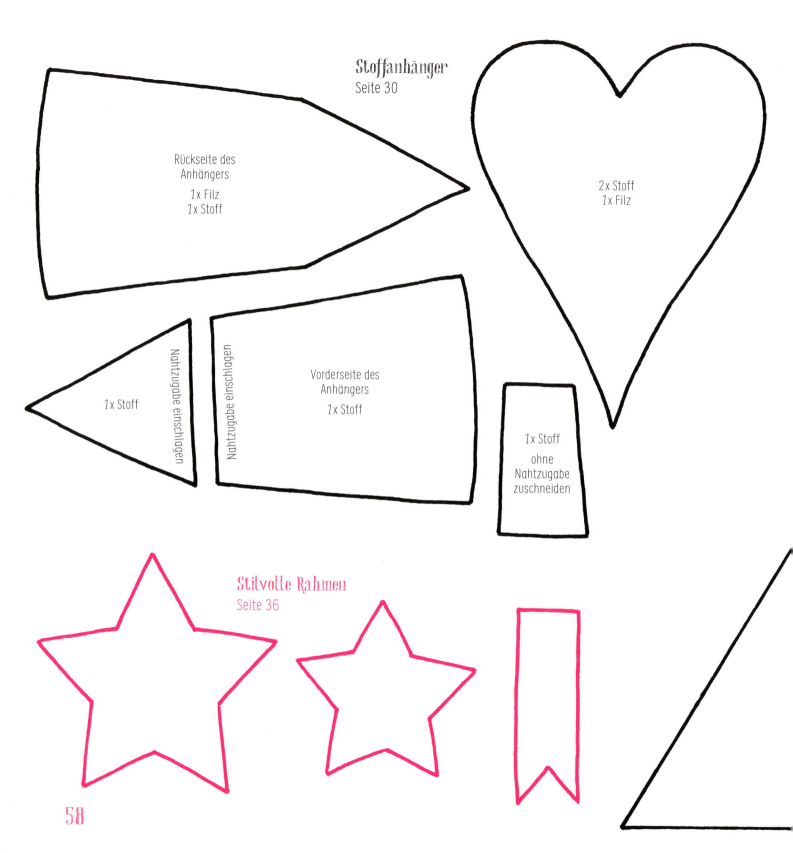

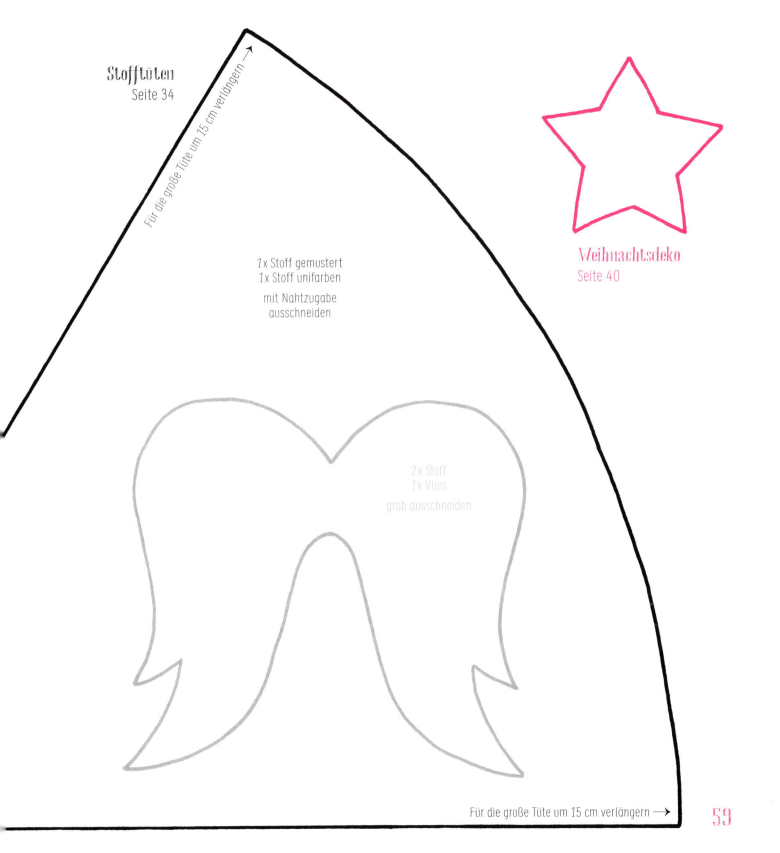

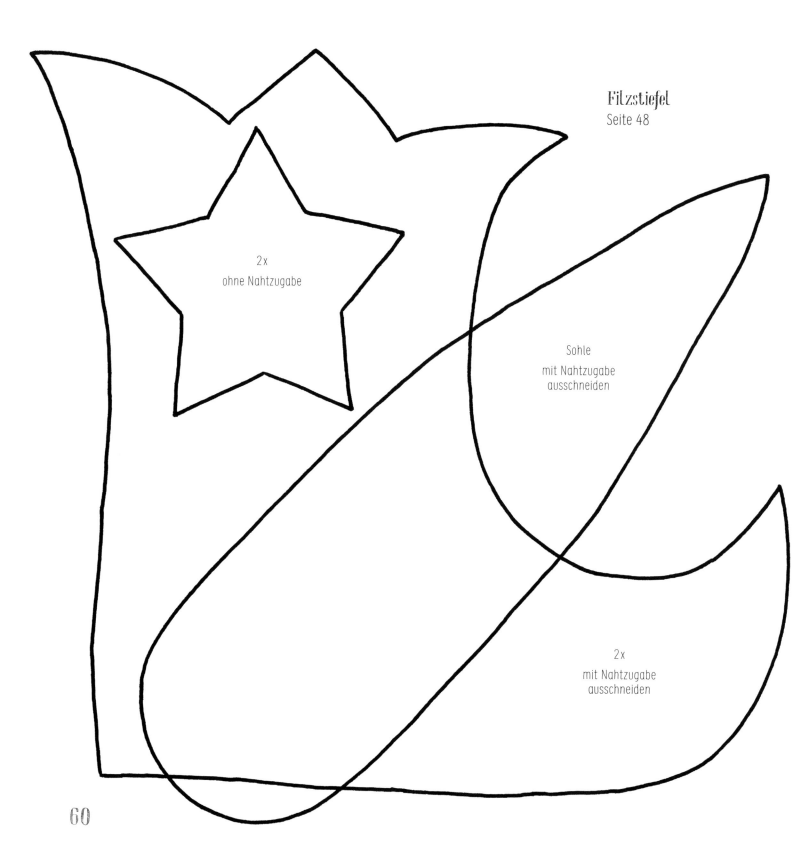

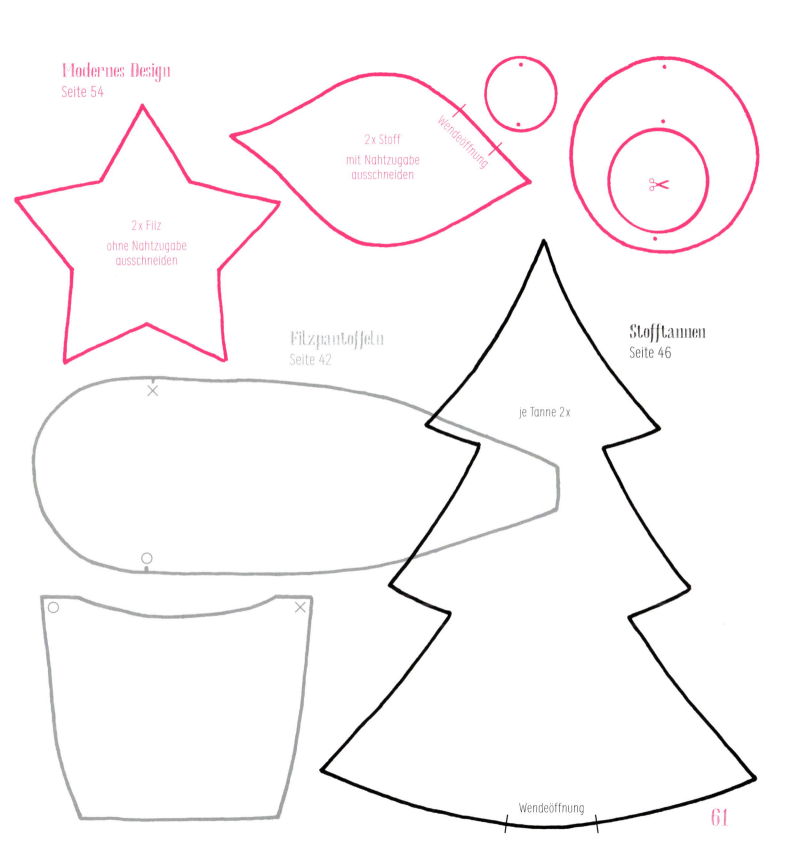

Impressum

Fotos und Styling: Roland Krieg, Waldkirch
Gesamtgestaltung und Satz: GrafikwerkFreiburg
Reproduktion: RTK & SRS mediagroup GmbH
Druck und Verarbeitung: Polygraf Print, Slowakei

ISBN 978-3-8388-3566-2
Art.-Nr. 3566

© 2015 Christophorus Verlag GmbH & Co. KG, Freiburg

Alle Rechte vorbehalten

Alle gezeigten Modelle, Illustrationen und Fotos sind urheberrechtlich geschützt. Jede gewerbliche Nutzung ist untersagt. Dies gilt auch für eine Vervielfältigung bzw. Verbreitung über elektronische Medien.

Autorin und Verlag haben alle Angaben und Anleitungen mit größtmöglicher Sorgfalt zusammengestellt. Dennoch kann bei Fehlern keinerlei Haftung für direkte oder indirekte Folgen übernommen werden.

Der Verlag übernimmt keine Gewähr und keine Haftung für die Verfügbarkeit der gezeigten Materialien.

Herstellerverzeichnis

- Buttinette Textil-Versandhaus GmbH
- C. Kreul GmbH & Co. KG
- efco, Hobbygross Erler GmbH
- Heyda, Baier & Schneider GmbH & Co. KG
- Hotex, Hollmann Textil GmbH
- Marabu GmbH & Co. KG
- Rayher Hobby GmbH
- Union Knopf GmbH

Kreativ-Service

Sie haben Fragen zu den Büchern und Materialien? Frau Erika Noll ist für Sie da und berät Sie rund um alle Kreativthemen. Rufen Sie an! Wir interessieren uns auch für Ihre eigenen Ideen und Anregungen. Sie erreichen Frau Noll per E-Mail: mail@kreativ-service.info oder Tel.: +49 (0) 5052 / 91 18 58 Montag bis Donnerstag: 9–17 Uhr / Freitag: 9–13 Uhr

Besuchen Sie uns im Internet: www.christophorus-verlag.de